BEI GRIN MACHT SICH IHR WISSEN BEZAHLT

- Wir veröffentlichen Ihre Hausarbeit,
  Bachelor- und Masterarbeit

- Ihr eigenes eBook und Buch -
  weltweit in allen wichtigen Shops

- Verdienen Sie an jedem Verkauf

Jetzt bei www.GRIN.com hochladen
und kostenlos publizieren

GRIN

Industrie 4.0. Arbeit und Wertschöpfung im digitalen Kapitalismus

Tobias Heindl

Bibliografische Information der Deutschen Nationalbibliothek:

Die Deutsche Nationalbibliothek verzeichnet diese Publikation in der Deutschen Nationalbibliografie; detaillierte bibliografische Daten sind im Internet über http://dnb.d-nb.de abrufbar.

ISBN: 9783346395313
Dieses Buch ist auch als E-Book erhältlich.

© GRIN Publishing GmbH
Nymphenburger Straße 86
80636 München

Druck und Bindung: Books on Demand GmbH, Norderstedt Germany
Gedruckt auf säurefreiem Papier aus verantwortungsvollen Quellen

Das Buch bei GRIN: https://www.grin.com/document/1007751

Arbeit und Wertschöpfung im digitalen Kapitalismus

Wissenschaftliche Arbeit mit IT

Von: Tobias Heindl

Fakultät: BW

Abgabetermin: 14.06.2019

Inhalt

Abbildungsverzeichnis

1.0 Einleitung

„Ich darf Ihnen als Erstes berichten, dass wir im 70. Jahr der Sozialen Marktwirtschaft fest davon überzeugt sind, dass auch die digitale Wirtschaft und das Zeitalter der Digitalisierung dem Menschen zu dienen haben und nicht umgekehrt. Das Ganze ist kein Selbstzweck."[1] Wie die Bundeskanzlerin am 04. Dezember 2018 beim Digital Gipfel in Nürnberg sagt, geht es in der Debatte um Industrie 4.0 und Digitalisierung um Veränderungen, die nicht nur die Wirtschaft selbst, sondern vor allem auch die Menschen betreffen.

Der Begriff „Industrie 4.0" ist seit einigen Jahren ein stark gebrauchter Begriff, der vor allem in der Wirtschaft sowie in der Politik immer wieder gebraucht wird. Die Bundesregierung hat Industrie 4.0 zu einem Kernelement ihrer Hightech-Strategie erklärt, das helfen soll, Deutschlands Zukunft als Produktionsstandort zu sichern.[2] Aus dem Namen lässt sich bereits schließen, dass es sich um die vierte industrielle Revolution handelt. „Dies hat zunächst den Effekt, dass die Entwicklung der Produktivkräfte und speziell der Industriearbeit plötzlich wieder en vogue sind."[3]

Im Kern geht es um die Vernetzung von Produktion und Dienstleistung über das Internet. Dies führt dazu, dass Mensch und Maschine im ständigen Austausch miteinander stehen. Dadurch verändert sich nicht nur die gesamte Wertschöpfungskette eines Produktes, sondern auch die benötigte Infrastruktur in den Produktionsstätten, sowie die Anforderungsprofile der Mitarbeiter. Bestehende Geschäftsmodelle und Anteile am Markt werden sich ebenfalls verschieben.

Deutschland hat seit den 1990er Jahren einen Industrieanteil an der Bruttowertschöpfung von etwas über 25 Prozent, wobei andere Industrienationen sich teilweise deutlich unter der 20 Prozent Hürde bewegen. Dies lässt sich vor allem auf die Tertiärisierung und auf das Auslagern von kostenintensiven Fertigungsproduktionen in Niedriglohnländer zurückführen. Der Standort Deutschland profitiert hierbei von seiner Exportindustrie, die sich auch durch das Label „Made in Germany" immer noch einer hohen Nachfrage erfreut. Damit dies auch noch in Zukunft so bleibt, hat die Bundesregierung sechs Arbeitskreise gebildet die sich mit dem Thema „Plattform Industrie 4.0" beschäftigen. Während bereits klar ist, dass es Konsequenzen für die industrielle und digitale Arbeit geben wird, ist jedoch noch nicht vorhersehbar in welcher Art sie sich entwickelt. Die schwarz-rote Regierung versucht deshalb Handlungsempfehlungen und Lösungsansätze für die Zukunft zu entwickeln.

---

[1] Dr. Angela Merkel (2018).
[2] Sendler online (2013), S. 1.
[3] PROKLA (2017). S. 168

2.0 Plattformarbeit, Crowdwork, microtasking

2.1 Definition

Plattformarbeit, crowdwork und microtasking sind definiert, als zeitlich begrenzte Arbeiten, die von nicht festangestellten Arbeiter_innen erledigt werden.[4] Des Weiteren fehlen Bestandteile der herkömmlichen Arbeit wie Kollegen, Vorgesetzten, vorgeschriebene Arbeitszeiten und ein gemeinsamer Arbeitsort.[5] Die Plattformen bieten den Nutzern die nötige Infrastruktur um passende Aufgaben zu finden. „Dem Crowdsourcing sind demzufolge drei Kernprinzipien inne: Zunächst handelt es sich stets um einen (1) offenen Aufruf zur Durchführung von Aufgaben, wobei sich die Mitwirkenden beziehungsweise Crowd Worker per (2) Selbstselektion zur Teilnahme entscheiden können. Der Interaktionsprozess selbst erfolgt über (3) IT-gestützte Plattformen."[6]

Am Beispiel der Plattform Uber zeigt sich deutlich, dass die drei Prinzipien von Leitmeister die Kernelemente bilden und dass dieses Modell nicht allein auf online Arbeit ausgerichtet ist. Der Fahrdienstleister betreibt eine Webseite bzw. App, bei der sich Personen anmelden können die ein Auto besitzen und Fahrten für Fremde anbieten wollen (1). Als Kunde können sie nun die jeweilige Webseite/App starten und ihr gewünschtes Ziel eingeben, durch die Standortfunktion weiß Uber wo sie sich gerade befinden und ob Fahrer in der Nähe sind (2). Je nach Angebot wird berechnet wie viel sie für die Fahrt bezahlen müssen. Nach erfolgreicher Durchführung der Fahrt, erfolgt die Abrechnung über die Plattform des Unternehmens (3) Diese Fahrdienste sind in der Regel deutlich billiger als herkömmliche Taxidienste. Das Unternehmen selbst erhält eine Buchungsgebühr sowie durchschnittlich 25% Provision vom Fahrtpreis.[7]

2.2 Crowdwork

Inzwischen wird crowdsourcing auch für viele Unternehmen immer interessanter. Vor allem bei digitalen Arbeiten gibt es inzwischen viele verschiedene Tätigkeiten, die ausgeübt werden können. Mittlerweile kann die ganze Wertschöpfung bereits über verschiedene Plattformen erfolgen.[8] Es gibt daher unterschiedliche Aufgabenfelder, Bezahlungsformen und Voraussetzungen für den Zugang.[9] Die Arbeiten die ein Crowdworker vollbringt, sind deshalb sehr unterschiedlich und richten sich nach den Schwerpunkten, die eine Plattform besitzt. Neben komplexeren Aufgaben wie Programmierung, Design, Übersetzungen oder Softwaretests gibt es auch Tätigkeiten, die deutlich einfacher zu bewältigen sind und keine Qualifizierung benötigen.[10]

---

[4] Vgl. Moritz Altenried in PROKLA (2017), S. 178.
[5] Vgl. Entgrenzung von Arbeitsverhältnissen, 2019, S. 25.
[6] Leimeister/Durward/Zogaj online (2016), S. 15.
[7] Vgl. Jochen G. Fuchs online.
[8] Vgl. Leimeister/Durward/Zogaj online (2016), S. 16.
[9] Vgl.Moritz Altenried in PROKLA (2017), S. 179.
[10] Vgl. Moritz Altenried in PROKLA (2017), S. 170.

2.3 Mikroarbeit

Unter dem Begriff Mikroarbeit, versteht man ein spezielles Feld der crowdwork. Und zwar kleine digitale Arbeiten, die simpel und in hoher Anzahl erledigt werden können.[11] „Die Aufgaben umfassen in der Regel hochgradig zerlegte Aufgaben, die meist der Generierung, Verarbeitung oder Aktualisierung großer Datensätze dienen. Dazu gehören zum Beispiel die Kategorisierung von Bildern, Transkriptionen, Sortierung von Adresslisten, Recherche von E-Mail-Adressen, Umfragen oder kleine Textarbeiten."[12] Diese Arbeiten sind meistens in wenigen Sekunden beziehungsweise Minuten erledigt.

2.4 Ausbreitung und Bezahlung

Die Anzahl der crowdwork Plattformen hat sich in den letzten Jahren enorm gesteigert. Weltweit sind es inzwischen mehrere tausende Plattformen und in Deutschland etwas mehr als 50.[13] Durchschnittlich sind rund 93.000 Teilnehmer auf jeder Plattform registriert, aber nur ungefähr ein Viertel benutzt diese regelmäßig.[14] Wobei die Mitgliedsdauer im Schnitt bei 15 Monaten liegt.[15] Nach Schätzungen der Anbieter sind es bundesweit circa 1,1 Millionen crowdworker.[16] Die Altersstruktur liegt im Mittel bei 36 Jahren.[17]

Die Plattformanbieter verstehen sich als Dienstleister, die die Arbeiten an die crowd vermitteln, steuern und kontrollieren. Durch Gebühren und Provisionen werden die Kosten für die Plattform finanziert. „Der kumulierte Gesamt-Jahresumsatz aller Crowdworking-Plattformen in Deutschland kann nur anhand von Schätzungen ermittelt werden, da die Plattformen in der Regel keine Zahlen herausgeben oder veröffentlichen (da sie meist auch nicht unter Publikationspflichten o.ä. fallen)."[18]

Wie viel ein Arbeiter durchschnittlich verdient, hängt jedoch stark von der ausgeübten Tätigkeit und der Qualifizierung ab. Die nachfolgende Grafik bildet den monatlichen Durchschnittslohn ab.

---

[11] Vgl. Moritz Altenried in PROKLA (2017), S. 180.
[12] PROKLA (2017).
[13] Vgl. Moritz Altenried in PROKLA (2017), S. 179.
[14] Vgl. Mrass/Peters, C. & Leimeister, J. M. online, S. 3.
[15] Vgl. Leimeister/Durward/Zogaj online (2016), S. 32.
[16] Vgl. Mrass/Peters, C. & Leimeister, J. M. online, S. 3.
[17] Leimeister/Durward/Zogaj online (2016), S. 32.
[18] Mrass/Peters, C. & Leimeister, J. M. online.

Monatliches Einkommen aus der Arbeit in der Crowd

Cluster	Häufig-keit	Minimum	Maximum	Median	Mittel-wert	„Standard-abweichung"
gesamt	247	0 €	10.000 €	200 €	543 €	1.087,21
Microtask	36	0 €	1.500 €	87 €	144 €	258,28
Marktplatz	136	0 €	10.000 €	300 €	663 €	1.116,21
Design	32	0 €	3.500 €	400 €	662 €	847,16
Testing	43	0 €	9.500 €	50 €	411 €	1.456,60

Abbildung 1: Monatliches Einkommen aus der Arbeit in der Crowd in Euro[19]

2.5 Digitaler Taylorismus

Mit Hilfe von digitalen Technologien wird aus dem klassischen Taylorismus der digitale Taylorismus respektive der Neotaylorismus. Der Begriff lässt sich anhand von zwei Elementen erläutern. Der Kern ist immer noch die Rationalisierung, Zerlegung, Standardisierung, Dequalifizierung und die Kontrolle der Arbeitsprozesse, hinzu kommt jedoch die Arbeit von Algorithmen.[20] Durch diese Möglichkeit lässt sich die Arbeit teilweise unter das Kapital subsumieren. Die Rationalisierung erfolgt nun auf Basis von computergestützten Programmen, die die Arbeitsschritte vorgeben.[21] Das System zerlegt die Arbeit in standardisierte Arbeitsschritte, die dann automatisch an den einzelnen Mitarbeitern verteilt werden. Für die einzelnen Arbeiter_innen ist oft nicht mehr klar an was beziehungsweise für wen sie die Aufgaben erledigen. Auch der Sinn der Arbeit ist durch die komplexe Zuweisung des Algorithmus, nicht sichtbar.[22] Durch den Einsatz von tracking, tracing und rating, lassen sich die digitalen Arbeiten kontrollieren.[23] Auch wenn sie nicht in den Räumlichkeiten einer Fabrik stattfinden, führt das zu einer weiteren Subsumtion der Arbeit unter das Kapitals.[24]

Auch der Einsatz von Stücklohn ist ein Beleg für die Entwicklung des Digitalen Taylorismus. Durch stark zerlegte und vereinfachte arbeiten, erhalten die Crowdworker für Aufgaben, die in wenigen Sekunden zu erledigen sind eine Vergütung im Bereich von Centbeträgen. Vor allem bei microtasking ist ein besonders gutes Beispiel für den digitalen Taylorismus.[25] Allerdings findet man den Stücklohn nicht nur bei digitalen Arbeiten, sondern auch bei vielen klassischen Arbeitsformen.

---

[19] Leimeister/Durward/Zogaj online (2016), S. 43.
[20] Vgl. Moritz Altenried in PROKLA (2017), S. 182.
[21] Vgl. Moritz Altenried in PROKLA (2017), S. 182.
[22] Vgl. Moritz Altenried in PROKLA (2017), S. 183.
[23] Vgl. Moritz Altenried in PROKLA (2017), S. 183.
[24] Vgl. Moritz Altenried in PROKLA (2017), S. 183.
[25] Vgl. Moritz Altenried in PROKLA (2017), S. 183.

2.6 Digitale Klassenzusammensetzung

Einen klassischen crowdworker zu beschreiben ist schwer, denn jeder der einen Internetzugang besitzt, kann seine Arbeitskraft anbieten. Menschen aus dem ländlichen Raum müssen nun nicht mehr in Städte ziehen um Arbeit zu finden.[26] Natürlich benötigen sie dafür die nötige Infrastruktur, deshalb ist es vor allem Aufgabe der Politik diese bereitzustellen. Denn auch in Deutschland gibt es eine zunehmende Landflucht. Insbesondere junge Menschen zieht es deshalb immer mehr in die Städte.

Auch gibt es keine festen Arbeitszeiten, so dass man die Arbeiten dann verrichten kann, wenn man gerade Zeit hat. Es spielt keine Rolle auf welchem Kontinent man sich gerade befindet und ob Tag oder Nacht ist. Man kann die Arbeit zur Aufbesserung seines normalen Einkommens nutzen oder seinen kompletten Lebensunterhalt damit verdienen. Diese zeitliche Flexibilität ist für Mütter mit Kindern, Menschen die einen kranken Familienangehörigen pflegen, oder kranke Personen die nicht selbständig das Haus verlassen können, sehr wichtig.[27] Anhand der folgenden Abbildung sieht man die berufliche Situation der crowdworker.

Berufliche Situation (Crowd Worker insgesamt)

		Häufigkeit	Anteil
gesamt	Arbeitssuchende/-r	14	640%
	Angestellte/-r (Teilzeit)	20	8%
	Angestellte/-r (Vollzeit)	49	20%
	Freiberufler/-in	55	22%
	Selbstständige/-r	39	16%
	Schüler/-in	10	4%
	Student/-in	46	19%
	Auszubildende/-r	3	1%
	Hausfrau/Hausmann	6	2%
	Rentner/-in	6	2%
	gesamt	248	100%

Abbildung 2: Berufliche Situation (Crowd Worker insgesamt)[28]

Die zeitliche und geographische Flexibilität ist ein sehr wichtiger Faktor für die Crowdworker. Aber nicht nur für die Menschen selbst bietet diese Flexibilität Vorteile, auch Regierungen haben erkannt welche Möglichkeiten sich dadurch bieten. Ländern mit wenig Industrie können so die Arbeitslosigkeit senken, aber auch den Zuzug in größere Städte verringern. Wenn den jungen Menschen eine Perspektive in ihrem Dorf gezeigt wird und sie in der digitalen Fabrik genauso viel verdienen können wie in einer herkömmlichen Beschäftigung.

---

[26] Vgl. Moritz Altenried in PROKLA (2017), S. 185.
[27] Vgl. Moritz Altenried in PROKLA (2017), S. 185.
[28] Leimeister/Durward/Zogaj online (2016), S. 40.

Als weiterer Vorteil ist zu nennen, dass afrikanische und asiatische Länder durch crowdworking ausländische Devisen in ihr Land holen können, da meist in US Dollar bzw. in Euro bezahlt wird.

Jedoch herrschen Unterschiede bei der Bezahlung, während crowdworker in Indie im Mittel 3,17 US-Doller pro Stunde erhalten, kommen US-amerikanische Arbeiter_innen auf durchschnittlich 5,55 US-Dollar.[29] Es zeigt sich also, dass es immer noch geografische Ungleichheiten und sogar Rassismus in neuen Formen gibt.

3.0 Prekarisierung

Unter Prekarität versteht man unsichere und instabile Beschäftigungs- Arbeits- oder Lebensverhältnisse. In der Debatte über die Prekarisierung ist jedoch auch die Ausbreitung von unsicheren Beschäftigungen, wie befristete Arbeitsplätze, Teilzeitarbeitsplätze, Leiharbeit, Minijobs oder Soloselbständigkeit zu nennen.[30]. Die Arbeitslosenzahlen haben sich zwar rückläufig entwickelt, jedoch ist die Zahl der unsicheren Arbeitsplätze mit geringem Einkommen enorm gestiegen.[31]

3.1 Digitale Prekarisierung

Inzwischen gibt es auch den Begriff des digitalen Prekariats. Darunter verstehen wir click- und crowdworker, die keinen festen Arbeitsplatz haben und nur einen Laptop zum Arbeiten benötigen. Diese Tätigkeiten werden oft als Freelancer ausgeübt.[32] Da sie keine sozialversicherungspflichtige Beschäftigung nachgehen, müssen sie sich selbst um ihre Kranken-, Renten- und Arbeitslosversicherung kümmern.[33] Die Kosten dafür werden von den Selbstständigen allein getragen, anstatt wie gewöhnlich nahezu paritätisch von Arbeitgeber und Arbeitnehmer. Es lässt sich also feststellen, dass die Digitalisierung zu mehr Prekarisierung führen kann.

3.2 Gesundheitliche Belastungen

Ein weiterer Punkt, der auf die Prekarisierung hinweist, ist die Tatsache, dass für die Digitalisierung in Unternehmen, mehr Daten zur Verfügung stehen müssen.[34] Diese Datenerhebung kann durch verschiedene Tätigkeiten vollzogen werden. Zum Beispiel durch Erfassungsmasken und zum anderen durch Handscanner, die den Weg des Produktes erfassen.[35] Dadurch können die Betriebe analysieren, wo Rationalisierungsmaßnahmen

---

[29] Vgl. Moritz Altenried in PROKLA (2017), S. 184–187.
[30] Christina Klenner online.
[31] Vgl. Statistik der Bundesagentur für Arbeit online.
[32] Vgl. Martin Ehrlich, Thomas Engel, Manfred Füchtenkötter, Walid Ibrahim in PROKLA (2017), S. 195.
[33] Vgl. Martin Ehrlich, Thomas Engel, Manfred Füchtenkötter, Walid Ibrahim in PROKLA (2017), S. 194.
[34] Vgl. Martin Ehrlich, Thomas Engel, Manfred Füchtenkötter, Walid Ibrahim in PROKLA (2017), S. 205.
[35] Vgl. Martin Ehrlich, Thomas Engel, Manfred Füchtenkötter, Walid Ibrahim in PROKLA (2017), S. 205.

sinnvoll wären. Die Arbeiter_innen erfassen diese Daten in standardisierten Schritten. Jedoch bedeutet die Erfassung einen zusätzlichen Arbeitsaufwand und führen zu einer Leistungsverdichtung.[36] Außerdem werden den Mitarbeiter in der Einführungsphase einer erhöhten Belastung ausgesetzt, in dem sie die neuen Erfassungsarbeiten sowie der regulären Arbeit nachgehen müssen. Dazu kommt es bei fehlender Vertrautheit mit den Geräten zu einer Verunsicherung.[37]

Mit den gesammelten Informationen können die ausgeführten Tätigkeiten nun besser vom Management überwacht werden. Die Mitarbeiter erleben zu dem erhöhten Arbeitsaufwand auch noch Leistungsdruck und Überwachungsängste. Dies führt dazu, dass es in der Belegschaft zu einer Abwehrhaltung kommt.[38] Das Beschäftigen versuchen die Tätigkeitschritte zu umgehen in dem sie zum Beispiel die Eingabemasken nicht oder nur teilweise ausfüllen.[39]

Es zeigt sich daher, dass durch die Digitalisierung ein enormer Mehraufwand für die Beschäftigten entsteht. Die Aufgaben des Managements werden jedoch erleichtert.[40]

4.0 Marktkopplung und Ablaufdeterminismus

Wie Angela Merkel in ihrer Rede am 04.12.2018 bereits angesprochen hat, möchte die Politik, den Mensch in den Mittelpunkt stellen. Demnach sollen die Menschen durch selbstverantwortliches Arbeiten eine höhere Befriedigung finden[41] Allerdings wird hierbei davon ausgegangen, dass es bei der Digitalisierung um eine gesteigerte Produktion von individualisierten Produkten geht.[42] Die Unternehmen sollten deswegen einen hohen Grad der Flexibilisierung erreichen.[43] Dafür sollten Entscheidungen dezentral gefällt werden, um auf situationsbezogene Fragen schnell und sinnvoll Antworten zu finden[44]

4.1 Dezentralisierung

Viele Unternehmen setzen schon jetzt auf dezentralisierte Organisationsstrukturen um die Belegschaft mehr in die Prozesse einzubinden.[45] Häufig geschieht dies durch den Einsatz von Teamarbeit.[46] Dadurch können sich die einzelnen Arbeiter_innen sich untereinander besser austauschen und Aufgaben untereinander verteilen.[47] Dies würde zu einer Aufwertung von Produktionsarbeit führen und den Beschäftigten mehr Entscheidungskompetenzen geben. Allerdings würden die Abläufe für das Management undurchsichtig werden, was dazu führen

---

[36] Vgl. Vgl. Martin Ehrlich, Thomas Engel, Manfred Füchtenkötter, Walid Ibrahim in PROKLA (2017), S. 205.
[37] Vgl. Martin Ehrlich, Thomas Engel, Manfred Füchtenkötter, Walid Ibrahim in Vgl. PROKLA (2017), S. 205.
[38] Vgl. Martin Ehrlich, Thomas Engel, Manfred Füchtenkötter, Walid Ibrahim in Vgl. PROKLA (2017), S. 205.
[39] Vgl.Martin Ehrlich, Thomas Engel, Manfred Füchtenkötter, Walid Ibrahim in Vgl. PROKLA (2017), S. 205.
[40] Vgl. Martin Ehrlich, Thomas Engel, Manfred Füchtenkötter, Walid Ibrahim in Vgl. PROKLA (2017), S. 205–207.
[41] Vgl. Jobst Gaus, Christopher Knop, David Wandjo in PROKLA (2017), S. 213.
[42] Vgl. Jobst Gaus, Christopher Knop, David Wandjo in PROKLA (2017), S. 213.
[43] Vgl. Jobst Gaus, Christopher Knop, David Wandjo in PROKLA (2017), S. 213.
[44] Vgl. Jobst Gaus, Christopher Knop, David Wandjo in PROKLA (2017), S. 213.
[45] Vgl. Jobst Gaus, Christopher Knop, David Wandjo in PROKLA (2017), S. 214.
[46] Vgl. Jobst Gaus, Christopher Knop, David Wandjo in PROKLA (2017), S. 215.
[47] Vgl. Jobst Gaus, Christopher Knop, David Wandjo in PROKLA (2017), S. 216.

würde, dass es mehr Überwachungs- und Kontrollaufgaben gibt.[48] Das ist allerdings wiederum ein Hinweis auf den digitalen Taylorismus.

4.2 Ablaufdeterminismus

Bei Produkten, die nach Kundenwünschen gefertigt werden, ist zwar ein hoher Grad der Flexibilisierung notwendig, allerdings findet die Konzeption der individualisierten Produkte in den Planungsbüros des Managements statt.[49] Diese werden dann an die Maschinen der Produktion weitergegeben.[50] Dadurch gehen die Entscheidungskompetenzen nicht auf die Produktionsmitarbeiter über, sondern bleiben bei den Planungs- und Kontrollmitarbeiter. In der Fertigung folgen die Beschäftigten den Anweisungen des Computersystems, lediglich bei Fehlern und Ausnahmesituationen können sie eigene Entscheidungen treffen.[51] Die Arbeiter_innen wissen demnach häufig gar nicht, dass sie unterschiedliche Produkte herstellen.[52]Auch wenn es sich um individuelle Kundenwünsche handelt, wird in festen Abläufen produziert.[53] Die Planung der Produkte erfolgt jedoch weiterhin zentralisiert.[54] Dieses Produktionsschema wird von der PROKLA Redaktion als „Ablaufdeterminismus" bezeichnet. Die Unternehmen passen sich in der Produktion somit nicht an ihre Mitarbeiter an, sondern an die vom Markt gegebene Struktur[55] . Dadurch wollen sie einen Vorteil gegenüber ihren Mitbewerbern erlangen.[56]

Zwar werden gewisse Entscheidungen nun dezentral getroffen, dies passiert allerdings nur um einen fehlerfreien und optimalen Ablauf zu erhalten.[57] Es zeigt sich außerdem, dass der Ablaufdeterminismus die Beschäftigten in zwei Lager teilt. Zum einen die Produktionsmitarbeiter, die determinierte Arbeiten verrichten und zum anderen die hochqualifizierten Angestellten, die den Produktionsablauf planen und überwachen.

5.0 Kybernetik und Kontrolle

5.1 Kybernetik

Die Kybernetik wird als die Wissenschaft der Steuerung, Kontrolle und Regelung von dynamischen Systemen verstanden. In Form von Algorithmen versuchen Unternehmen ihre Mitarbeiter zu steuern und sie von nicht effizienten Handlungen abzuhalten.[58] Durch

---

[48] Vgl. Jobst Gaus, Christopher Knop, David Wandjo in PROKLA (2017), S. 216.PROKLA (2017), S. 216.
[49] Vgl. Jobst Gaus, Christopher Knop, David Wandjo in PROKLA (2017), S. 222.
[50] Vgl. Jobst Gaus, Christopher Knop, David Wandjo in PROKLA (2017), S. 222.
[51] Vgl. Jobst Gaus, Christopher Knop, David Wandjo in PROKLA (2017), S. 220.
[52] Vgl. Jobst Gaus, Christopher Knop, David Wandjo in PROKLA (2017), S. 223.
[53] Vgl. Jobst Gaus, Christopher Knop, David Wandjo in PROKLA (2017), S. 223.
[54] Vgl. Jobst Gaus, Christopher Knop, David Wandjo in PROKLA (2017), S. 223.
[55] Vgl. Jobst Gaus, Christopher Knop, David Wandjo in PROKLA (2017), S. 223.
[56] Vgl. Jobst Gaus, Christopher Knop, David Wandjo in PROKLA (2017), S. 223.
[57] Vgl. Eva-Maria Raffetseder, Simon Schaupp, Philipp Staab in PROKLA (2017), S. 223.
[58] Vgl. Eva-Maria Raffetseder, Simon Schaupp, Philipp Staab in PROKLA (2017), S. 229.

Feedbacksysteme machen sie die Mitarbeiter unverzüglich auf ihre fehlerhafte Handlung aufmerksam und zeigen ihnen Alternativen auf.[59]

5.2 Kontrolle

Im klassischen Taylorismus konnte nie eine vollständige Kontrolle gewährleistet werden. Durch den Einsatz von Technik ist jedoch eine ständige Überwachung möglich, da die Mitarbeiter flexibel ihrer Arbeit nachgehen können und nicht in starre Bewegungsabläufe gedrängt werden.[60] Die Beschäftigten wollen jedoch reflexiv handeln.[61] Der Einsatz von Feedbacksystemen bildet hier die notwendigen Schnittschnellen.[62] Durch ihren Einsatz können die Arbeiter_innen selbständig handeln und werden dennoch jederzeit kontrolliert.[63] Allerdings nehmen sie diese Überwachung nicht als solche war.

5.3 Management-Kybernetik

Die Kybernetik betrifft jedoch nicht ausschließlich die Arbeiter_innen, sondern auch das Management.[64] Die Management-Kybernetik führt an, dass jegliche Organisation zu komplex sei, um vollständig durch die Kognition eines menschlichen Managers erfasst werden kann.[65] Die Probleme des klassischen Feedbacks liegen darin, dass nicht alle Information durch den Manager mitgeteilt werden können und es außerdem zu zeitlichen Verzögerungen zwischen der Handlung und Rückmeldung kommt.[66] Es sollte deswegen ein System eingesetzt werden, durch das ein ständiges Wiederholen von Feedback die Prozesse selbstständig überwachen kann.[67] Dadurch reguliert sich das System im Hinblick auf ihre Ziele selbst.[68]

6.0 Reelle Subsumtion und Insubordination im Zeitalter der digitalen Maschinerie

6.1 Reelle Subsumtion und Insubordination

Die reelle Subsumtion beschreibt die bestmögliche Nutzung des Kapitals unter Veränderung der Tätigkeit und des Produktionsmitteleinsatzes. Das bedeutet, dass das Kapital über die Menschen gestellt wird. Jedoch muss sich das Kapital immer wieder den Prozessen und den Arbeitern anpassen, da es die Arbeit nicht selbst verrichten kann.[69] Das Kapital versucht

---

[59] Vgl. Eva-Maria Raffetseder, Simon Schaupp, Philipp Staab in PROKLA (2017), S. 229.
[60] Vgl. Eva-Maria Raffetseder, Simon Schaupp, Philipp Staab in PROKLA (2017), S. 232.
[61] Vgl. Eva-Maria Raffetseder, Simon Schaupp, Philipp Staab in PROKLA (2017), S. 232.
[62] Vgl. Eva-Maria Raffetseder, Simon Schaupp, Philipp Staab in PROKLA (2017), S. 232.
[63] Vgl. Eva-Maria Raffetseder, Simon Schaupp, Philipp Staab in PROKLA (2017), S. 232.
[64] Vgl. PROKLA (2017), S. 233.
[65] PROKLA (2017), S. 234.
[66] Vgl. Eva-Maria Raffetseder, Simon Schaupp, Philipp Staab in PROKLA (2017), S. 235.
[67] Vgl. Eva-Maria Raffetseder, Simon Schaupp, Philipp Staab in PROKLA (2017), S. 234.
[68] Vgl. Eva-Maria Raffetseder, Simon Schaupp, Philipp Staab in PROKLA (2017), S. 234.
[69] Vgl. Georg Barthel, Jan Rottenbach in PROKLA (2017), S. 252–253.

deshalb den Beschäftigten seinen Willen aufzudrücken.[70] Die Arbeiter_innen müssen deswegen nicht nur an sich selbst arbeiten um die notwendigen Voraussetzungen zu erhalten, sondern müssen zusätzlich für das Kapital arbeiten.[71]

Auch wird die Organisation dem Kapital untergeordnet. Dies führt dazu, dass die Werktätigen nicht nur dem Management unterstellt sind, sondern auch den Maschinen und ihren Produktionsmethoden.[72] Was dazu führt, dass die Arbeiter_innen ständig versuchen gegen das Kapital vorzugehen. Diesen Widerstand nennt man Insubordination.

6.2 Reelle Subsumtion bei Amazon

Der Taylorismus führt jedoch nicht nur dazu, dass es zu einer Dequalifizierung kommt und die Arbeitsschritte zerlegt werden, sondern die menschliche Arbeitskraft in ein System integriert wird. Dadurch wird die menschliche Arbeitskraft zu einer Modifikation der Technik.[73] Der Online-Versandhändler Amazon versucht deshalb den digitalen Taylorismus durch Algorithmen zu implementieren.[74]

Jeder Mitarbeiter in den Amazon Fullfillmentcentern erhält einen Scanner, auf dem der Arbeitsauftrag erscheint.[75] Durch scannen von Waren, Kisten, Regalfächern oder Kartons wird jeder Vorgang und jede Handlung aufgezeichnet.[76] Mithilfe dieses Wissens kann überprüft werden ob der Arbeitsvorgang richtig ausgeführt wurde.[77] Da diese Informationen an wenigen Punkten zentral zusammenlaufen, können Entscheidungen von oben nach unten weitergereicht werden.[78] Allerdings ist dafür eine hohe Standardisierungsquote notwendig. Weshalb die Beschäftigten keine besondere Ausbildung und Erfahrung benötigen.[79] Der Algorithmus bestimmt welche Produkte wo eingelagert werden müssen und gibt ihnen vor, welchen Weg sie zu absolvieren haben.[80] „Arbeitskräfte werden dabei zu einer Verfügungsmasse des Kapitals, die man an Waren anschließt oder zu Regalen steuert, je nach Auftragsvolumen und Hindernissen des Produktionsprozesses zwischen Abteilungen und Aufgaben verschiebt, oder aus dem Prozess ausspuckt, wenn sie nicht mehr benötigt werden."[81]

6.3 Amazon als panoptische Fabrik

Dem Konzept des Panoptikums liegt zugrunde, dass es in einem Gefängnis bzw. in einer Fabrik einen Aufseher gibt, der von einem Punkt im Gebäude alle Menschen überwachen

---

[70] Vgl. Georg Barthel, Jan Rottenbach in PROKLA (2017), S. 252–253.
[71] Vgl. Georg Barthel, Jan Rottenbach in PROKLA (2017), S. 252–253.
[72] Vgl. PROKLA (2017), S. 252–253. Georg Barthel, Jan Rottenbach in
[73] Vgl. Schmiede/Schuldlich/Schmiede/Schudlich (1981 // 1978), 91f.
[74] Vgl. Georg Barthel, Jan Rottenbach in PROKLA (2017), S. 254.
[75] Vgl. Georg Barthel, Jan Rottenbach in PROKLA (2017), S. 254.
[76] Vgl. Georg Barthel, Jan Rottenbach in PROKLA (2017), S. 254.
[77] Vgl. Georg Barthel, Jan Rottenbach in PROKLA (2017), S. 254.
[78] Vgl. Georg Barthel, Jan Rottenbach in PROKLA (2017), S. 254.
[79] Vgl. Georg Barthel, Jan Rottenbach in PROKLA (2017), S. 255.
[80] Vgl. Georg Barthel, Jan Rottenbach in PROKLA (2017), S. 255.
[81] Georg Barthel, Jan Rottenbach in PROKLA (2017), S. 255–256.

kann. Durch das ständige aufzeichnen, speichern und auswerten dieser Informationen, führt Amazon eine systematische Überwachung und Sanktionierung durch.[82] Ziel dahinter ist es möglichst fehlerfreie Prozesse zu gewährleisten.[83] In den Fullfillmentcentern gibt es daher sogenannte Area Manager, die jeden Schritt der Arbeitskräfte kontrollieren.[84] Durch die ständige Erfassung jedes einzelnen Arbeitsschrittes, weiß das System wann und wo der Mitarbeiter nicht nach dem Algorithmus handelt.[85] Außerdem werden Daten über die Produktivität, wie zum Beispiel die Anzahl der verarbeiteten Waren, bereitgestellt.[86] Weicht ein Beschäftigter vom Durchschnitt ab, wird er sanktioniert.[87] Durch die Bestrafung soll Druck auf die Arbeitskräfte aufgebaut werden, damit es zu keinen Abweichungen im Betriebsablauf kommt.[88] Mithilfe des Gefühls der ständigen Überwachung und Sanktionierung sollen die Arbeiter_innen sich in das System einfügen um möglichst effektiv zu arbeiten.[89] Eine weitere Maßnahme um die Produktivität zu steigern, ist der ständige Vergleich mit Kollegen. Hat ein Mitarbeiter mehr gearbeitet als ein anderer bekommt er eine Prämie.[90] Dadurch soll eine Konkurrenzsituation geschaffen werden um noch produktiver zu sein.

6.4 Insubordination gegen die reelle Subsumtion

Amazons Ziel ist es eine möglichst hohe Geschwindigkeit und einen gleichbleibenden Fluss der Arbeitsabläufe zu erreichen. Jedoch können die Mitarbeiter bereits durch Unterhaltungen mit Kollegen bzw. mit langen Toilettenbesuchen die Produktion behindern.[91] Gemeinsam könnte die Belegschaft einen gewissen Druck aufbauen, um sich gegen die digitale Maschinerie zu wehren[92] . Allerdings ist sich Amazon dieser Möglichkeiten der Insubordination bewusst und setzt deshalb auf noch mehr Kontrolle in Form von Sicherheitsbeauftragten.[93] Diese laufen in den Fullfillmentcentern umher und weisen die Mitarbeiter auf falsch ausgeführte Tätigkeiten hin.[94] Was wiederum dazu führt, dass die Beschäftigten versuchen ihre Arbeit zu verhindern indem sie beispielsweise Buchstaben aus der Tastatur der Manager_innen entfernten oder ihre Computermäuse versteckten, um sie an ihrer Arbeit zu hindern [95] Auch der Betriebsrat setzt sich dafür ein, dass die Bewegungs- und Aktivitätsdaten nicht zur Analyse benutzt werden dürfen.[96] Außerdem konnte bereits die Überwachung durch Kameras gesenkt werden.[97] Es zeigt sich also, dass die Arbeiter_innen durch kollektive Insubordination, ein Mittel gegen das Kapital finden können.[98]

[82] Vgl. Georg Barthel, Jan Rottenbach in PROKLA (2017), S. 256.
[83] Vgl. Georg Barthel, Jan Rottenbach in PROKLA (2017), S. 256.
[84] Vgl. Georg Barthel, Jan Rottenbach in PROKLA (2017), S. 256.
[85] Vgl. Georg Barthel, Jan Rottenbach in PROKLA (2017), S. 256.
[86] Vgl. Georg Barthel, Jan Rottenbach in PROKLA (2017), S. 256.
[87] Vgl. Georg Barthel, Jan Rottenbach in PROKLA (2017), S. 256.
[88] Vgl. Georg Barthel, Jan Rottenbach in PROKLA (2017), S. 256.
[89] Vgl. Georg Barthel, Jan Rottenbach in PROKLA (2017).
[90] Vgl. Georg Barthel, Jan Rottenbach in PROKLA (2017), S. 258.
[91] Vgl. Georg Barthel, Jan Rottenbach in PROKLA (2017), S. 263.
[92] Vgl. Georg Barthel, Jan Rottenbach in PROKLA (2017), S. 263.
[93] Vgl. Georg Barthel, Jan Rottenbach in PROKLA (2017), S. 264.
[94] Vgl. Georg Barthel, Jan Rottenbach in PROKLA (2017), S. 264.
[95] Vgl. Georg Barthel, Jan Rottenbach in PROKLA (2017), S. 264.
[96] Vgl. Georg Barthel, Jan Rottenbach in PROKLA (2017), S. 264.
[97] Vgl. Georg Barthel, Jan Rottenbach in PROKLA (2017), S. 265.
[98] Vgl. Georg Barthel, Jan Rottenbach in PROKLA (2017), S. 265.

7.0 Neue Protestformen

7.1 Foodora Streiks in Turin

Am Beispiel Foodora, sieht man deutlich, wie durch den strukturellen Aufbau von Netzwerken eine neue Form von Streik entstehen kann.

Foodora ist ein Lieferservice-Unternehmen, das bestellte Essen mit dem Fahrrad ausliefert. In den Wartezeiten zwischen Lieferungen trafen sich die Kuriere in Turin an sogenannten Meetingpoints und fingen an sich über die suboptimalen Arbeitsbedingungen zu unterhalten. Wie beispielsweise, dass ihre Kollegen in Mailand 8,00€ die Stunde verdienten, sie ihre Kosten für Reparaturen selbst tragen müssen, sowie über Probleme mit der App, Bezahlungsmodalitäten oder die Nutzung von WhatsApp bei Rückfragen. Sie gründeten deshalb einen Gruppenchat um noch besser kommunizieren zu können. Nachdem sie Forderungen gestellt haben, diese aber nicht erfüllt wurden, riefen sie zu Streiks an den Hauptlieferungszeiten auf. Das Besondere ist, dass die Streiks nicht wie üblich über Gewerkschaften organisiert wurden, sondern lediglich über soziale Medien wie Facebook und WhatsApp.

7.2 Umdeutung des Konzeptes des Streiks

Da die Beschäftigung oft als Nebenjob ausgeführt und es somit keine festen Arbeitszeiten gibt, ist die Abgrenzung zwischen Arbeits- und Lebenszeit nicht richtig definierbar. Während bei herkömmlichen Streiks die Produktion nicht weiter lief, wurde aus dem Foodora Streik ein „"menschlicher" bzw. "sozialer" Streik."[99] Die Arbeiter_innen zogen sich nicht zuhause zurück um privaten Tätigkeiten nachzugehen, sondern sie trafen sich gemeinsam in der Öffentlichkeit und spielten zum Beispiel in pinken Trikots Fußball.[100] Ein weitere Unterschied, ist, dass die Lieferdienste hauptsächlich in Großstädten existieren, was dazu führt, dass sowohl die Mitarbeiter als auch die Kunden nah zusammenleben.[101] Weshalb sich Außenstehende oft leichter mit den Streikenden identifizieren können. Außerdem haben die Lieferanten oft dieselben Probleme, was dazu führt, dass sie mit anderen sozialen Protestbewegungen zusammenarbeiten können.[102] Wie zum Beispiel in London, als sich die Foodora Kuriere sich mit den Gegnern der Gentrifizierung zusammenschlossen.[103]

---

[99] Stefania Animento, Giorgio Di Cesare, Cristian Sica in PROKLA (2017), S. 283.
[100] Vgl. Stefania Animento, Giorgio Di Cesare, Cristian Sica in PROKLA (2017), S. 284.
[101] Vgl. Stefania Animento, Giorgio Di Cesare, Cristian Sica in PROKLA (2017), S. 284.
[102] Vgl. Stefania Animento, Giorgio Di Cesare, Cristian Sica in PROKLA (2017), S. 284.
[103] Vgl. Stefania Animento, Giorgio Di Cesare, Cristian Sica in PROKLA (2017), S. 284.

7.3 Demokratisierung der Arbeit

Die Mitbestimmung der Arbeitnehmer ist eine weitere Forderung, die die Arbeiter stellen. Da die Unternehmen nur durch Änderung ihres Algorithmus oder durch Änderung der Nutzungsbestimmungen Lohnsenkungen beschließen können. Hier zeigt sich, dass die Beschäftigten keinen Einfluss auf die Änderungen haben, da sie nicht hinter das System blicken können. Außerdem erfolgt das einstellen und entlassen über ein Rating-Verfahren. Diese Methode lässt die Beschäftigten zu messbaren Variablen werden. Die Streiks der Arbeiter_innen richtet sich demnach nicht nur gegen die Bezahlung und der Art des Beschäftigungsverhältnisses, sondern vor allem auch gegen die einseitigen Entscheidungen der Unternehmen. Deshalb ist es auch die Aufgabe der Politik, Forschern, Kunden und Gewerkschaften Rahmenbedingungen für Demokratie und Mitbestimmung in digitalen Jobs zu schaffen. Denn die Unternehmen sind nicht daran interessiert ihre Algorithmen für die Öffentlichkeit zugängig zu machen, um eventuell Wettbewerbsnachteile zu erlangen. Durch die Geheimhaltung können sie ihre Gewinne steigern und die Arbeitskräfte weiter ausbeuten.

8.0 Fazit

Die vorherigen Kapitel machen deutlich, dass noch nicht alle Fragen in der Digitalisierungsdebatte geklärt sind. Wie im ersten Kapitel beschrieben, kommt es zu einer Zunahme der tayloristischen Zerlegung. Außerdem entsteht eine neuen Klassenzusammensetzung, die zwar viele positive Seiten aufweist, jedoch immer noch geografische Diskriminierungen hervorbringt, wie zum Beispiel unterschiedliche Bezahlung.

Zwar wird die clickwork Arbeit meist als Hinzuverdienstquelle gesehen, jedoch stellt sich die Frage ob es nicht trotzdem gesetzliche Rahmenbedingungen geben sollte um die Arbeiter_innen zu schützen. Da es meist von Randgruppen genutzt wird, die schon am Existenzminimum leben oder keinen gewöhnlichen Beruf ausüben können.

Jedoch wird das Prekarität nicht nur allein von digitalen Arbeiten vorangetrieben, sondern auch in der Industrie kommt es zunehmend zur Prekarisierung der Erwerbsarbeit. Durch den gestiegenen Einsatz von Technik müssen Beschäftigte Mehrarbeit leisten wie beispielsweise durch die Datenerfassung. Auch führt die neue Datenmenge zur zusätzlichen Überwachung der Belegschaft.

Im Kern der Industrie 4.0 Debatte wird häufig von einer Zunahme an individualisierten Produkten gesprochen. Hierbei wird davon ausgegangen, dass mehr Flexibilisierung notwendig ist und es dadurch zur Demokratisierung in den Unternehmen kommt. Jobst Gaus, Christopher Knop und David Wandjo konnten allerdings feststellen, dass der Produktionsprozess meist zentral geplant wird und dann an die Fertigungsmaschinen weitergegeben wird. Die Beschäftigten haben somit kein Mitbestimmungsrecht bei der Produktion. Dieser Vorgang wird von den Autoren als Ablaufdeterminismus bezeichnet. Dadurch konnte sich die zunehmende Demokratie in den Unternehmen nicht bestätigen.

Während im klassischen Taylorismus eine vollständige Überwachung der Mitarbeiter nie erreichbar war, wird dies im digitalen Zeitalter möglich. Durch den Einsatz von Algorithmen kann die kybernetische Kontrolle weiter ausgebaut werden. Dies hat aber nicht nur für die Produktionsmitarbeiter Konsequenzen, sondern auch für das Management, da diese ohne Systeme ohne Planung und Hierarchie auskommen.

Es zeigt sich also, dass wir uns bereits jetzt schon im digitalen Kapitalismus befinden und die Beschäftigten sowohl in der online als auch in der offline Welt ausgebeutet werden. Mithilfe von Mikrokonflikten konnten sich bereits kleine Mittel gegen die betriebliche Herrschaft bei Amazon finden. Ein anderes Beispiel findet sich in Italien, hier haben sich Kurierfahrer von Foodora zusammengeschlossen um höhere Löhne und bessere Arbeitsbedingungen zu fordern. Auch wenn dies nur zu einem Teilerfolg führte, wurde eine Debatte angestoßen, die sich mit den Arbeitsbedingungen der digitalen Wirtschaft auseinandersetzen.
Zusammenfassend lässt sich sagen, dass es in der Debatte um die Industrie 4.0 nicht allein um den Ausbau der Infrastruktur gehen darf. Diese ist zwar enorm wichtig um nicht den Anschluss zu verlieren, dennoch müssen vor allem Gesetze und Rahmenbedingungen für die Menschen geschaffen werden. Den auch wenn die menschenleere Fabrik noch nicht vollständig möglich ist, wird es in Zukunft vermutlich wieder einen Anstieg von Arbeitslosenzahlen geben. Es muss sich deswegen und vor allem auch im Hinblick auf Altersarmut, unbedingt mit alternativen Einkommensformen wie zum Beispiel dem bedingungslosen Grundeinkommen auseinandergesetzt werden. Ein weiterer wichtiger Punkt ist meiner Meinung nach die Datenhoheit von amerikanischen Firmen. Zwar wurde mit der Datenschutzgrundverordnung schon eine gute Basis gelegt, jedoch sollte man diese Firmen weiter beschränken, damit wir in Zukunft nicht von ihnen abhängig sind

Wie Angela Merkel in ihrer Rede in Nürnberg sagte muss die digitale Wirtschaft um die Menschen herum aufgebaut werden. Derzeit wird allerdings meist Politik für die Unternehmen gemacht. Deshalb würde ich mir von der Regierung wünschen progressiver zu handeln um die Zukunft positiv zu gestalten, damit „Made in Germany" auch weiterhin ein Verkaufsschlager bleibt.

Literaturverzeichnis

Altenried, Moritz	Die Plattform als Fabrik. Crowdwork, Digitaler Taylorismus und die Vervielfältigung der Arbeit in PROKLA 187 Münster 2017
Animento, Stefania, Di Cesare, Giorgio/ Sica, Cristian	Total Eclipse of Work? Neue Protestformen in der gig economy am Beispiel des Foodora Streiks in Turin in PROKLA 187 Münster 2017
Barthel, Georg/Rottenbach Jan	Reele Subsumtion und Insubordination im Zeitalter der digitalen Maschinerie. Mit-Untersuchung der Streikenden bei Amazon in Leipzig in PROKLA 187 Münster 2017
Ehrlich, Martin/Engel, Thomas/ Füchtenkötter, Manfred/Ibrahim, Walid	Digitale Prekarisierung, Neue Verwundbarkeit und Abwetungsprozesse in der Industriearbeit in PROKLA 187 Münster 2017
Gaus, Jobst/Knop Christopher/ Wandjo, David	Marktkopplung und Ablaufdeterminismus. Eine Kritik am Demokratieversprechen der Industrie-4.0-Diskussion in PROKLA 187 Münster
Hanau, Hans/ Matiaske, Wenzel	Entgrenzung von Arbeitsverhältnissen, Baden-Baden 2019
Raffetseder, Eva-Maria/Schaupp Simon/ Philipp Staab	Kybernetik und Kontrolle. Algorithmische Arbeitssteuerung und betriebliche Herrschaft in PROKLA 187 Münster 2017
Sendler, Ulrich	Industrie 4.0, Berlin, Heidelberg 2013
Schmiede, Rudi/ Schudlich, Edwin	Die Entwicklung der Leistungsentlohnung in Deutschland. Eine historisch-theoretische Untersuchung zum Verhältnis von Lohn und Leistung unter kapitalistischen Produktionsbedingungen, Frankfurt am Main 1981

Quellenverzeichnis

Internet

https://www.bundeskanzlerin.de/bkin-de/aktuelles/rede-von-bundeskanzlerin-merkel-beim-digital-gipfel-am-4-dezember-2018-in-nuernberg-1557288
https://www.boeckler.de/wsimit_2011_08_editorial.pdf

https://t3n.de/news/uber-verlust-einnahmen-949596/

https://www.boeckler.de/pdf/p_study_hbs_323.pdf

https://statistik.arbeitsagentur.de/Navigation/Statistik/Statistische-Analysen/Analyse-in-Grafiken/Jaehrliche-Zeitreihen/Jaehrliche-Zeitreihen-Nav.html

http://pubs.wi-kassel.de/wp-content/uploads/2018/06/JML_689-1.pdf?